PIANO | VOCAL | GUITAR ▪ CD

VOLUME 115

HAL•LEONARD

Piano Play-Along

JOHN DENVER

Cover photo: © Photofest

ISBN 978-1-4584-1039-9

Cherry Lane Music Company
Director of Publications/Project Editor: Mark Phillips

Visit our website at www.cherrylane.com

Annie's Song

Words and Music by
John Denver

Moderately

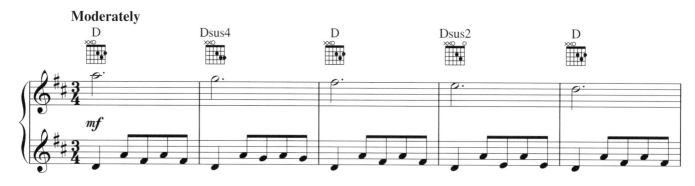

You fill up my sens - es ___

___ like a night in a for - est, ___ like the

moun - tains in spring - time, ___ like a walk in the

rain, _____ like a storm in the des-

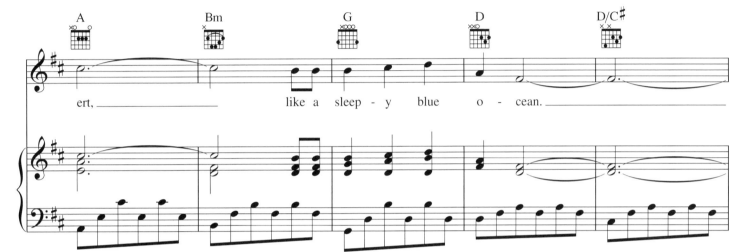

ert, _____ like a sleep-y blue o-cean. _____

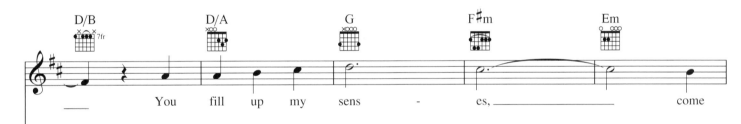

_____ You fill up my sens-es, _____ come

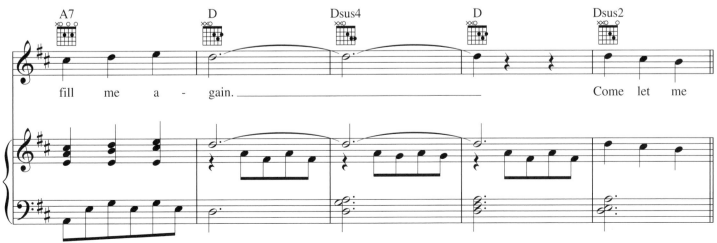

fill me a-gain. _____ Come let me

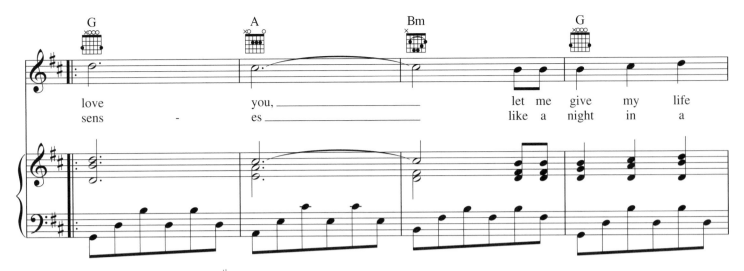

love you, _____ let me give my life
sens - es _____ like a night in a

to you, _____ let me drown in your laugh -
for - est, _____ like the moun - tains in spring -

ter, _____ let me die in your arms. _____
time, _____ like a walk in the rain, _____

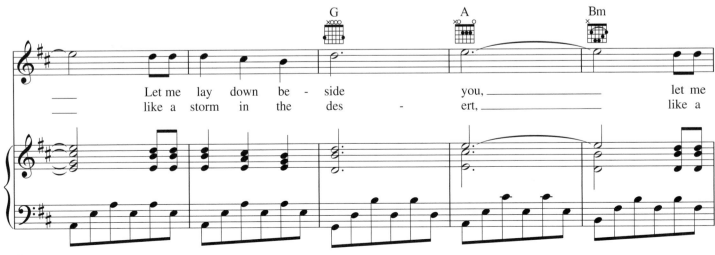

Let me lay down be - side you, _____ let me
like a storm in the des - ert, _____ like a

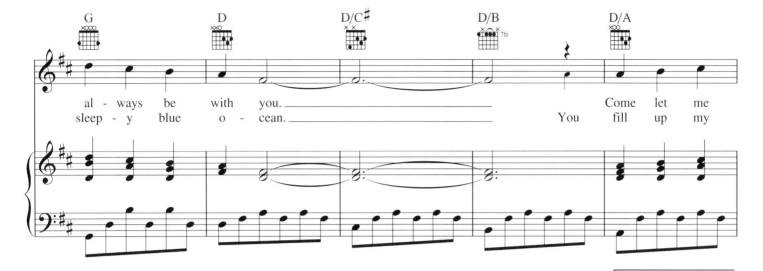

al - ways be with you. _____ Come let me
sleep - y blue o - cean. _____ You Come fill up my

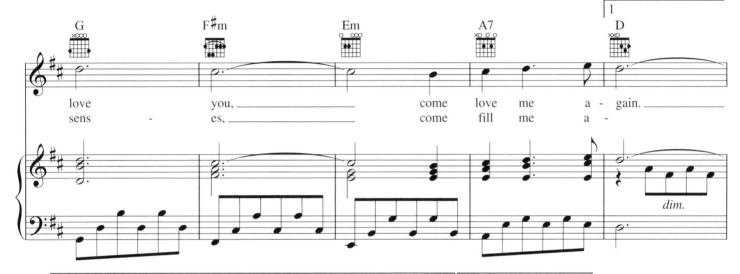

love you, _____ come love me a - gain. _____
sens - es, _____ come fill me a -

You fill up my gain. _____

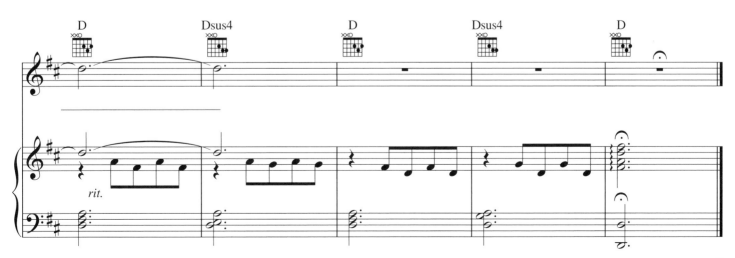

Back Home Again

Words and Music by
John Denver

In a relaxed 4 (to be played like)

mile or more a-way, The whin-in' of ___ his wheels

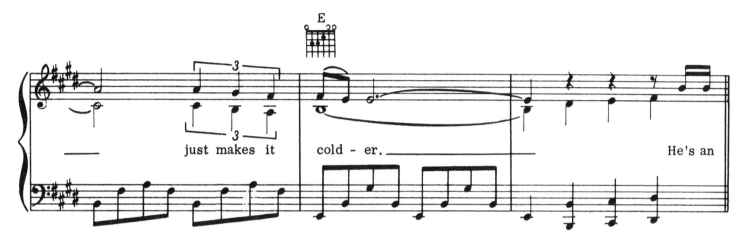

___ just makes it cold-er. _____ He's an

hour a-way from rid-in' ___ on your prayers up in the
all the news to tell him: ___ how'd you spend your
sweet-est thing I know of, ___ just spend-in' time with

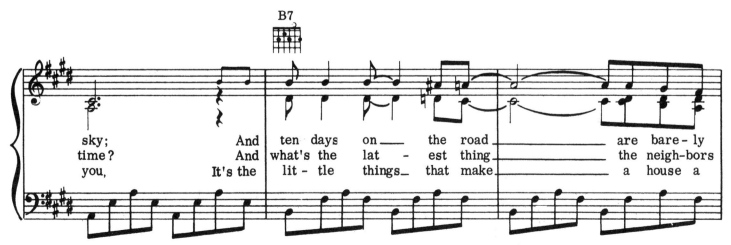

sky; And ten days on ___ the road _____ are bare-ly
time? And what's the lat-est thing _____ the neigh-bors
you, It's the lit-tle things ___ that make _____ a house a

gone. _____
say? _____
home. _____ There's a   fire _____ soft - ly
And your   moth-er _____ called last
Like   a   fire _____ soft - ly

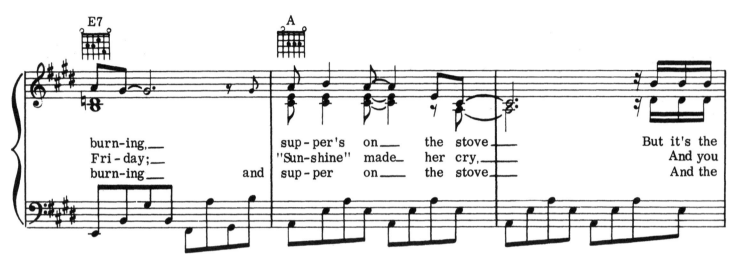

burn-ing, ___
Fri - day; ___
burn-ing ___ and   sup-per's   on ___ the   stove ___
"Sun-shine"   made ___ her   cry, ___
sup - per   on ___ the   stove ___ But it's the
And you
And the

light   in your   eyes ___ that makes him   warm. ___
felt   the ba-by   move ___ just yes - ter -   day. ___
light   in your   eyes ___ that makes me   warm. ___

Chorus

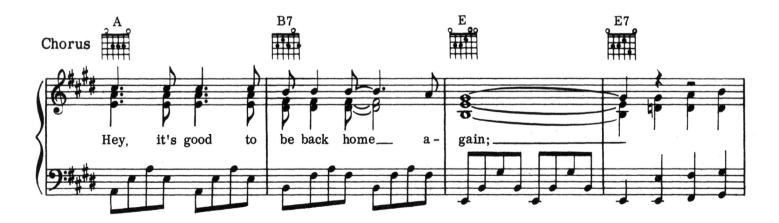

Hey,   it's good   to   be back   home ___ a - gain; ___

Some-times___ this old farm___ feels___ like a long-lost

friend. Yes 'n' hey, it's good___ to be back home a-gain.___

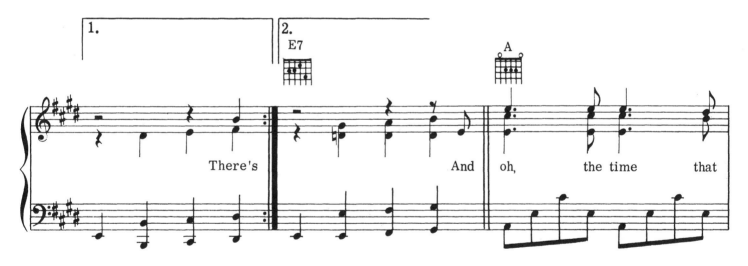

1. **2.** E7 A

There's And oh, the time that

B7 E A

I can lay___ this tired___ old bod-y down and

feel your fin - gers   feath - er soft up - on me.____

____   The kiss - es ____ that I   live for, ____ the

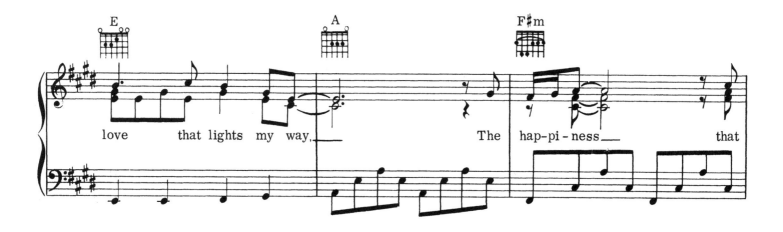

love   that lights my way, ____   The hap-pi-ness ____ that

D.S. 𝄋
*and fade
on Chorus*

liv-in'   with you   brings me. ____   It's the

I'm Sorry

Words and Music by
John Denver

Moderately

It's cold here in the cit - y, _____ it
friends all ask a - bout _____ you. _____ I

al - ways seems that way. And I've _____ been think - in' a - bout _____
say you're do - in' fine. I ex - pect to hear _____

_____ you _____ al - most ev - 'ry day. _____
_____ from you al - most an - y - time. _____ But

Think-in' a-bout the good times, think-in' a-bout the rain,
they all know I'm cry - in', that I can't sleep at night.

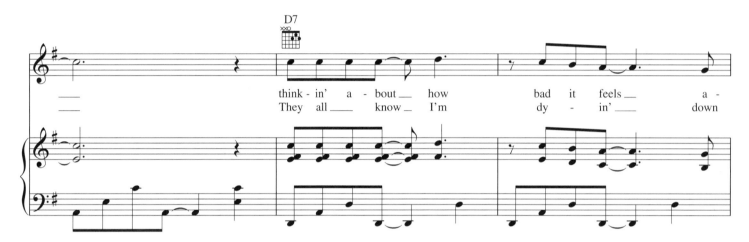

think-in' a-bout how bad it feels a-
They all know I'm dy - in' down

lone a-gain. I'm sor-ry for the way
deep in-side. I'm sor-ry for all
sor-ry if I took

things are in Chi - na, I'm
the lies I told you, I'm
some things for grant - ed, I'm

sor - ry things ___ ain't what they used to be. ___
sor - ry for ___ the things I did - n't say. ___
sor - ry for ___ the chains I put on you. ___

But more than an - y - thing else, I'm
But more than an - y - thing else, I'm
But more than an - y - thing else, I'm

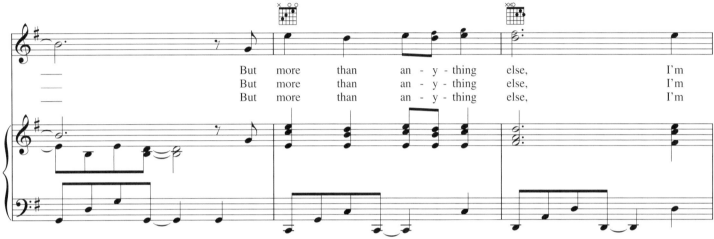

sor - ry for ___ my - self ___
sor - ry for ___ my - self. ___
sor - ry for ___ my - self, ___

___ 'cause you're not here ___ with me. ___ Our
___ I can't be - lieve you went a - way. ___
___ for liv - in' with - out ___ you. ___

13

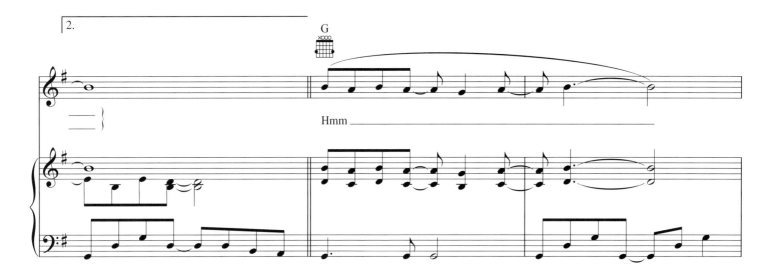

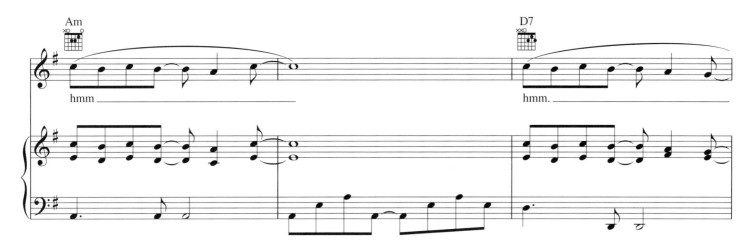

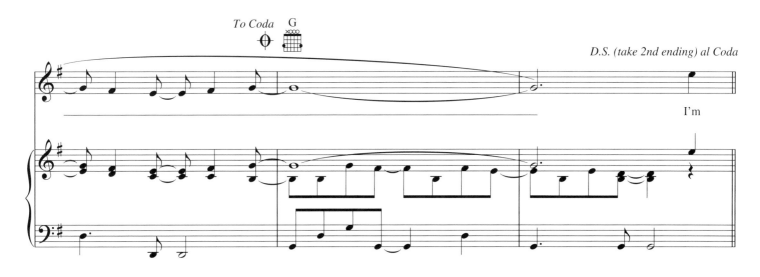

Leaving on a Jet Plane

Words and Music by
John Denver

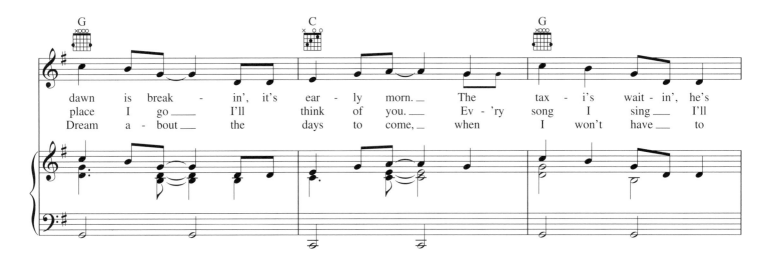

dawn is break - in', it's ear - ly morn. __ The tax - i's wait - in', he's
place I go __ I'll think of you. __ Ev - 'ry song I sing __ I'll
Dream a - bout __ the days to come, __ when I won't have __ to

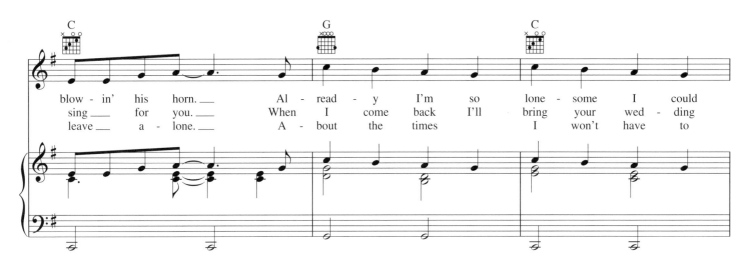

blow - in' his horn. __ Al - read - y I'm so lone - some I could
sing __ for you. __ When I come back I'll bring your wed - ding
leave __ a - lone. __ A - bout the times I won't have __ to

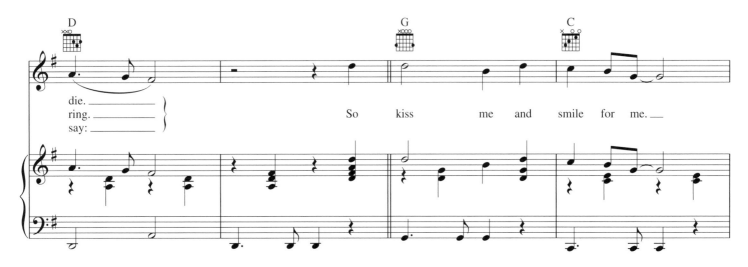

die. _____
ring. _____
say: _____

So kiss me and smile for me. __

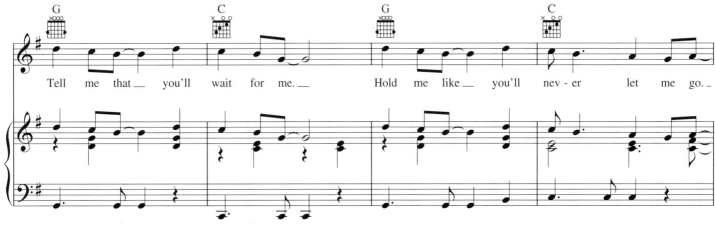

Tell me that __ you'll wait for me. __ Hold me like __ you'll nev - er let me go. __

'Cause I'm leav - in' on a jet ___ plane;

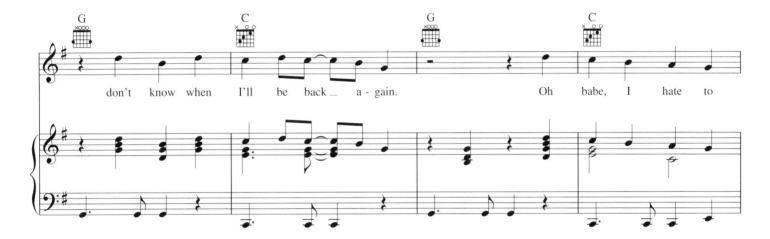

don't know when I'll be back ___ a - gain. Oh babe, I hate to

go. _____ { There's so

go. _____ 'Cause I'm

Repeat and fade

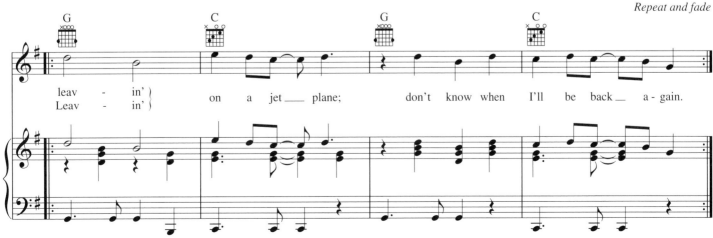

leav - in' }
Leav - in' } on a jet ___ plane; don't know when I'll be back ___ a - gain.

Rocky Mountain High

Words and Music by
John Denver and Mike Taylor

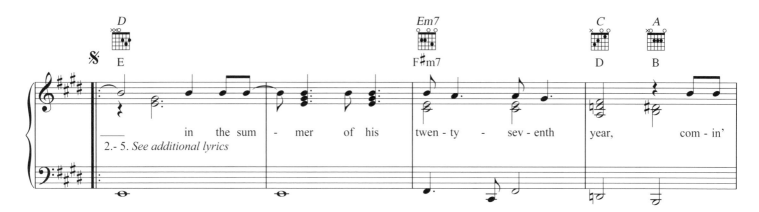

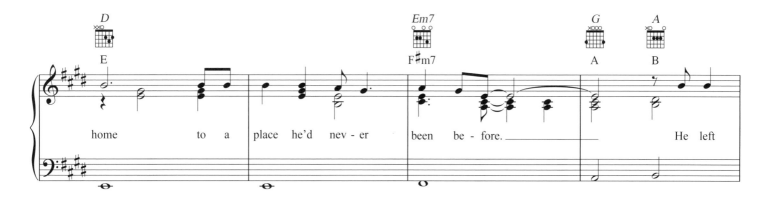

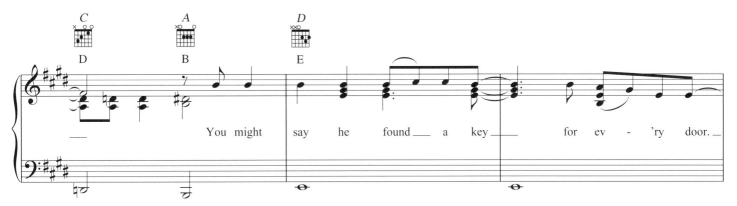

You might say he found a key for ev-'ry door.

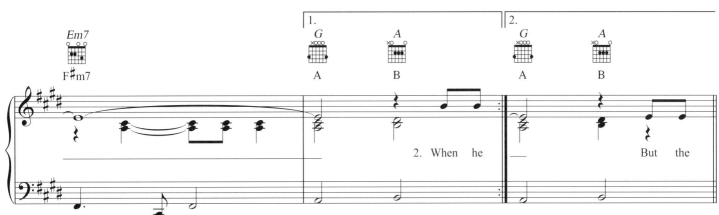

2. When he But the

Chorus

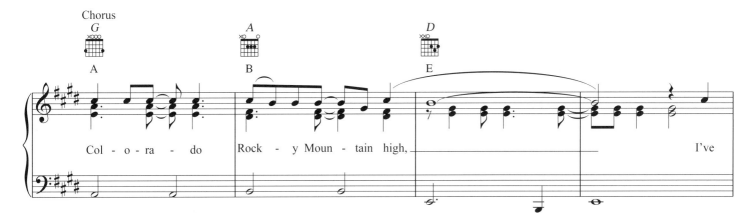

Col-o-ra-do Rock-y Moun-tain high, I've

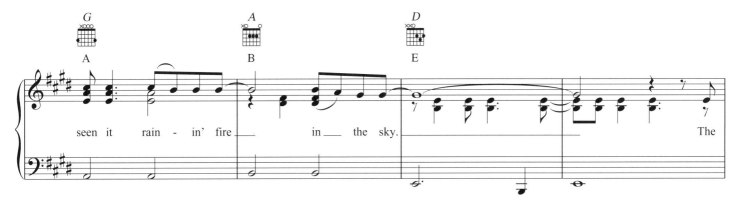

seen it rain-in' fire in the sky. The

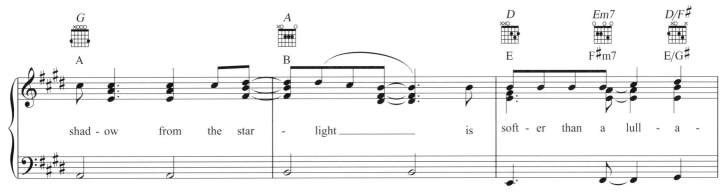

shad-ow from the star-light is soft-er than a lull-a-

3rd time to Coda II

by. _____

Rock - y Moun - tain high, _

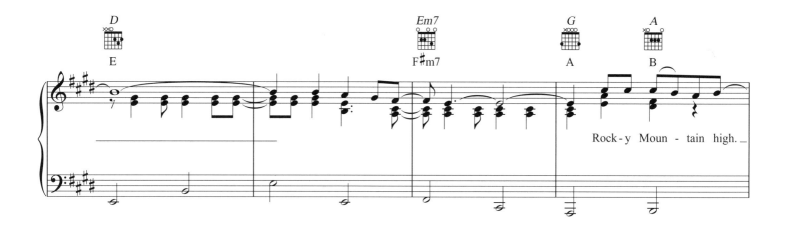

Rock - y Moun - tain high. _

2nd time to Coda I

D.S. (with repeat) al Coda I

D.S. (take 2nd ending) al Coda II

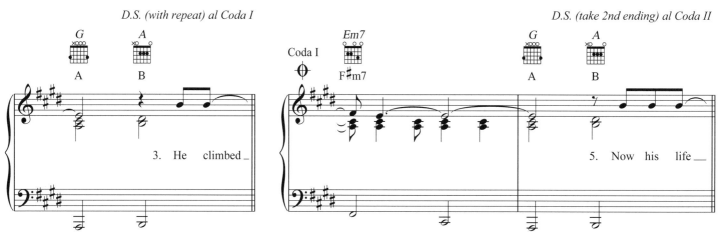

Coda I

3. He climbed _

5. Now his life _

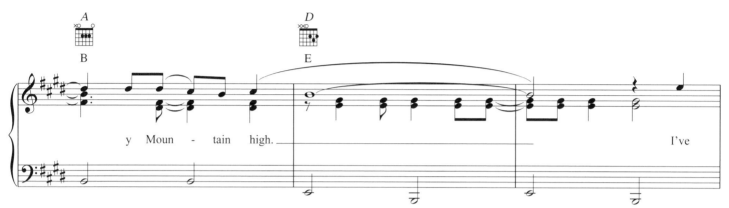

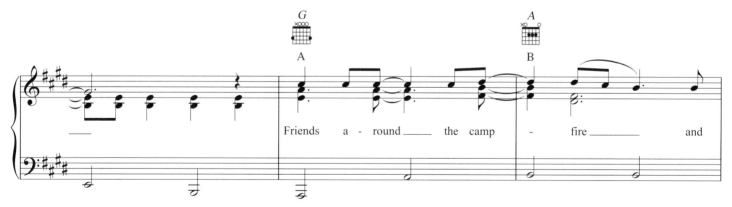

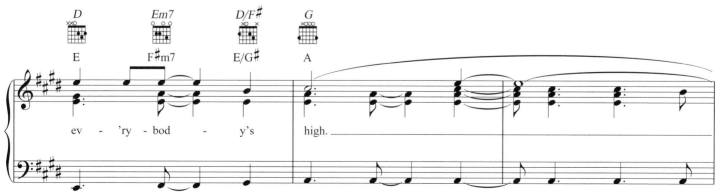

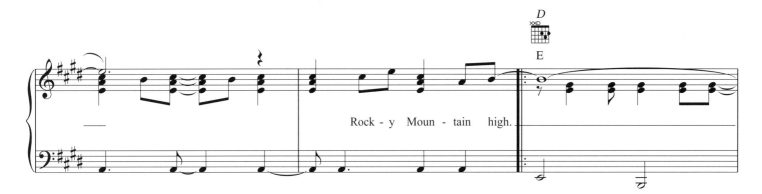

Rock - y Moun - tain high.

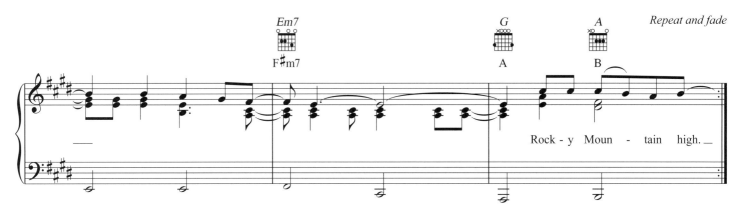

Repeat and fade

Rock - y Moun - tain high. __

Additional Lyrics

2. When he first came to the mountains his life was far away,
   On the road and hangin' by a song.
   But the string's already broken and he doesn't really care.
   It keeps changin' fast, and it don't last for long. *(To 1st Chorus)*

3. He climbed cathedral mountains; he saw silver clouds below.
   He saw everything as far as you can see.
   And they say that he got crazy once and he tried to touch the sun,
   And he lost a friend but kept his memory.

4. Now he walks in quiet solitude the forests and the streams,
   Seeking grace in every step he takes.
   His sight has turned inside himself to try and understand
   The serenity of a clear blue mountain lake.

   2nd Chorus:
   And the Colorado Rocky Mountain high,
   I've seen it rainin' fire in the sky.
   You can talk to God and listen to the casual reply.
   Rocky Mountain high.
   Rocky Mountain high.

5. Now his life is full of wonder but his heart still knows some fear
   Of a simple thing he cannot comprehend.
   Why they try to tear the mountains down to bring in a couple more,
   More people, more scars upon the land.

   3rd Chorus:
   And the Colorado Rocky Mountain high,
   I've seen it rainin' fire in the sky.
   I know he'd be a poorer man if he never saw an eagle fly.
   Rocky Mountain high.

Sunshine on My Shoulders

Words by John Denver
Music by John Denver,
Mike Taylor and Dick Kniss

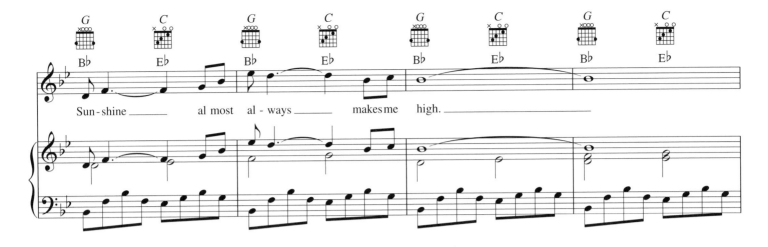

Sun-shine _____ al most al-ways _____ makes me high. _____

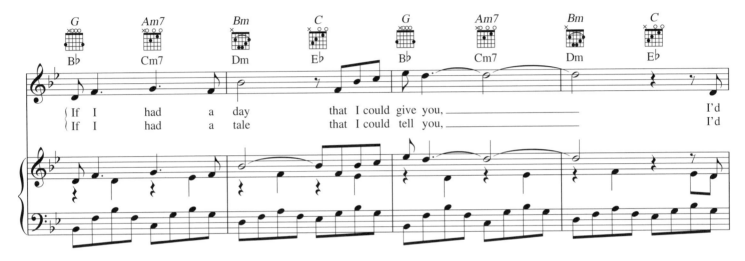

If I had a day that I could give you, _____ I'd
If I had a tale that I could tell you, _____ I'd

give to you _____ a day just like to - day. _____
tell a tale _____ sure to make you smile. _____

If I had _____ a song that I could sing for you, _____
If I had _____ a wish that I could wish for you, _____

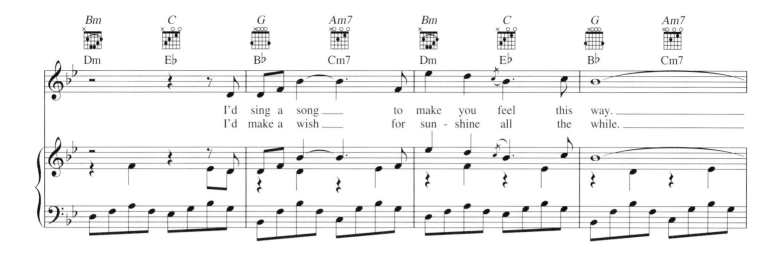

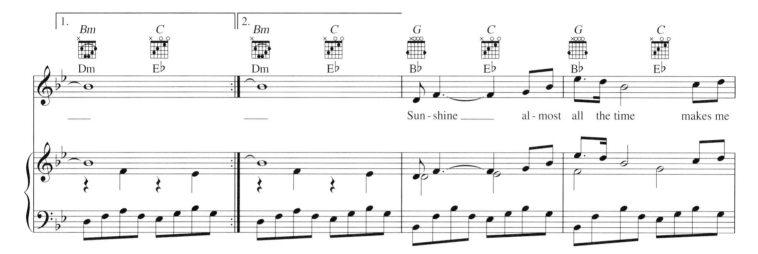

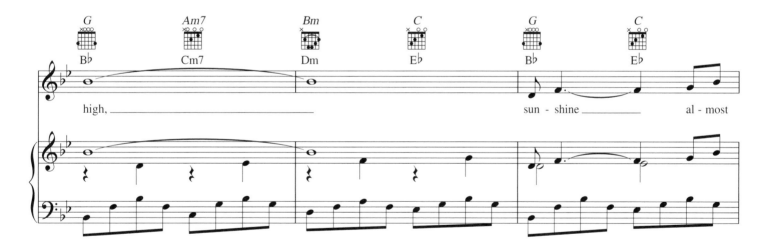

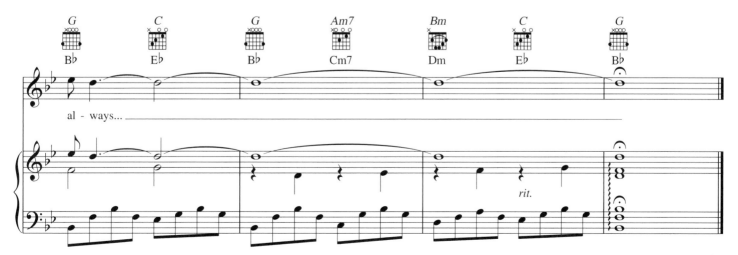

25

Take Me Home, Country Roads

Words and Music by John Denver,
Bill Danoff and Taffy Nivert

Bright Country tempo

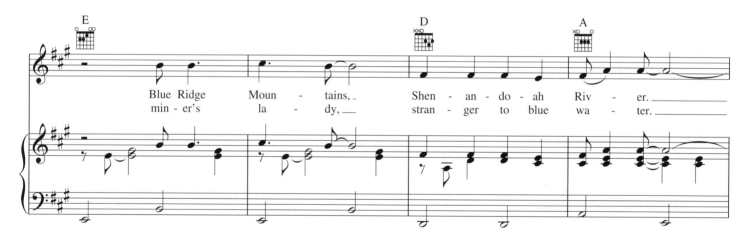

Al - most heav - en, ___ West Vir - gin - ia, _____
mem - 'ries ___ gath - er 'round ___ her, _____

Blue Ridge Moun - tains, ___ Shen - an - do - ah Riv - er. _____
min - er's la - dy, ___ stran - ger to blue wa - ter. _____

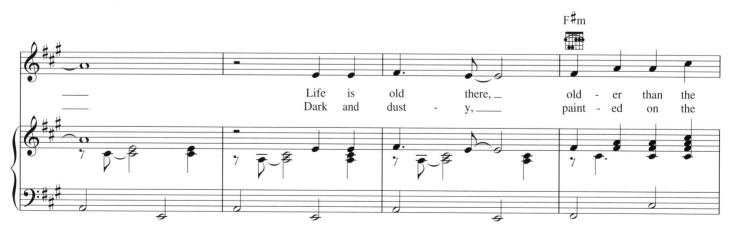

Life is old there, ___ old - er than the
Dark and dust - y, ___ paint - ed on the

trees, younger than the moun - tains ___ grow - in' like a breeze. ___
sky, mist - y taste of moon - shine, ___ tear - drop in my eye. ___

Coun - try roads, ___ take ___ me home ___

to the place ___ I be - long: ___

West Vir - gin - ia, ___ moun - tain mom - ma. ___

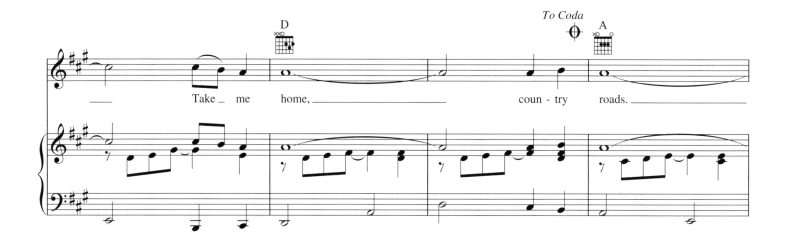

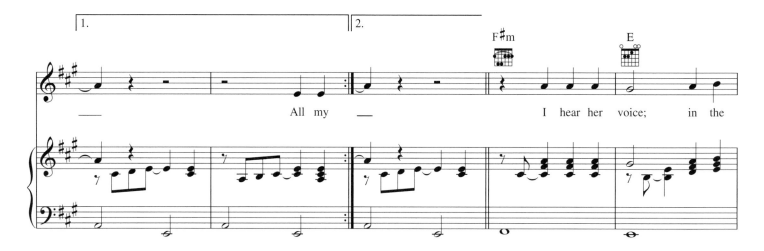

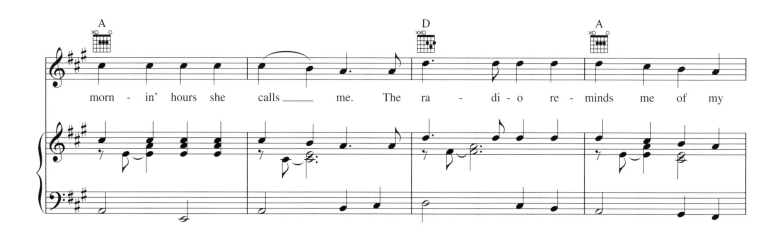

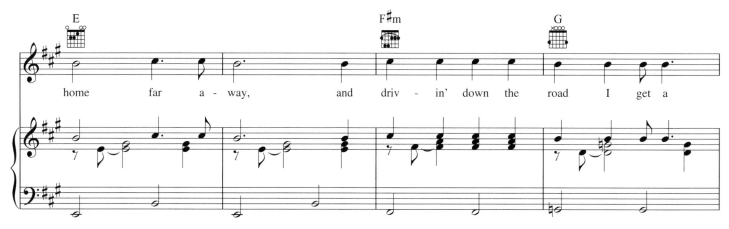

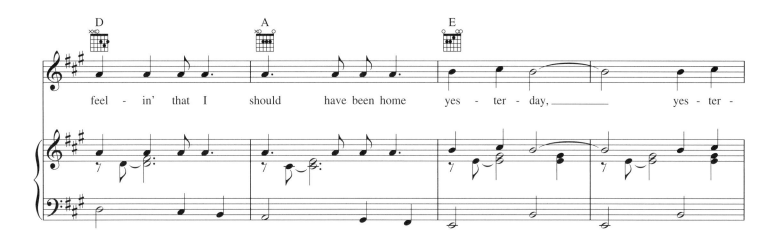

feel - in' that I should have been home yes - ter - day, ___ yes - ter -

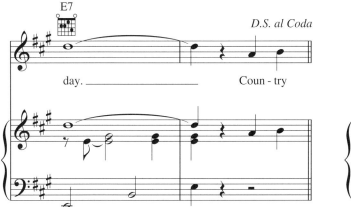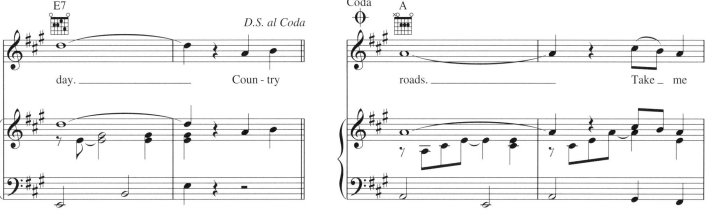

D.S. al Coda

day. ___ Coun - try

Coda

roads. ___ Take _ me

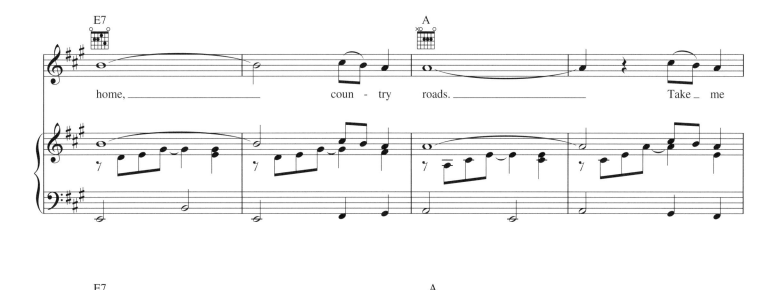

home, ___ coun - try roads. ___ Take _ me

home, ___ coun - try roads. ___

Thank God I'm a Country Boy

Words and Music by
John Martin Sommers

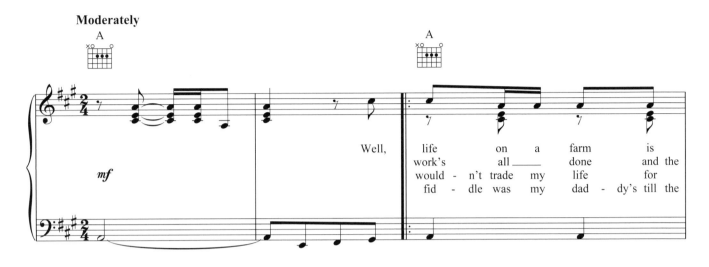

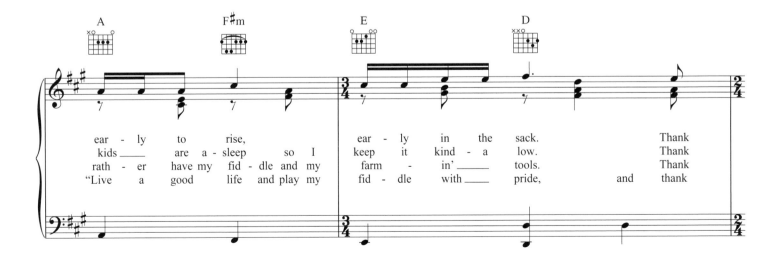

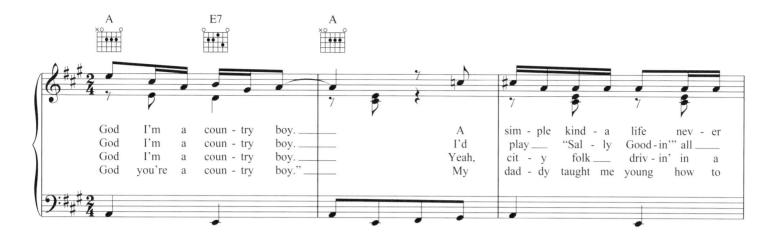

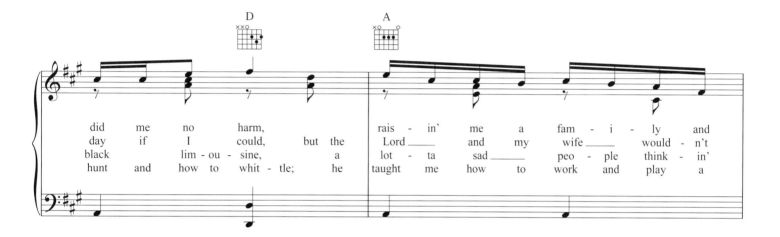

*4th time only

got me a fine wife, I got me old fid - dle. When the

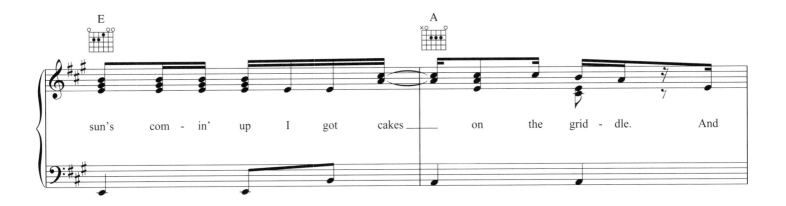

sun's com - in' up I got cakes ___ on the grid - dle. And

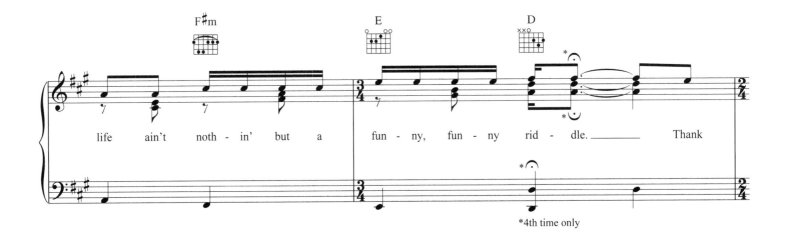

life ain't noth - in' but a fun - ny, fun - ny rid - dle. _____ Thank

*4th time only

God I'm a coun - try boy. ___

{ 2. When the
{ 3. I
{ 4. Well, my